JN046474

手相家
MICHIRU《ミチル》

2

チャレンジ編

原作・監修 西谷 泰人
漫画 miyako
協力 アメノマイコ

SOBUN

手相家MICHIRU《ミチル》2〈チャレンジ編〉

目次

あらすじ

高校生のみちるは、とあるきっかけで手相に目覚め、研鑽を重ね、手相の奥義「流年法」を編み出す。

そして20歳の時、世界で手相の実力を試してみたいとニューヨークに渡る。

そこでイタリアの大富豪の一人娘、18歳のサラと出会い思ってもみない展開となる。

みちるは、その身に付けた手相技術を元に、目に見えない世界の応援を受け、いよいよ大きな挑戦に臨む。

本書第2巻「チャレンジ編」は、世界的手相家となるみちるの人生を、一緒に追体験できる夢とロマンの物語である。

同時に本書は、手相を面白く学べる手相書の傑作といえる画期的な本である。

第1章　アトランティスの旅

アトランティス
大陸
謎のメッセージが告げられてから月日は流れるも

あの日以来シュバット・フェルツェンの声は聞こえてこない

「お前は今アトランティスに行かなくてはならない」

「アトランティス」
夢だったのか? いやでもハッキリと聞こえたし…
どこか懐《なつ》かしい響きのこの世界の事を知りたくなった僕は
アトランティス関連の本や資料を読みあさっていた

それによると
アトランティスとは
現代の地球上の
文化レベルに比べ
はるかに高度な文明を誇り
今から3万1千年前から
約2万年に渡り
高度に繁栄した
大西洋上の大陸で
1万2千年程前に
水没したとされる
謎多き世界——
一体どんな所
だったんだろう…
キィ…
Hello
あ、こんにちは
いらっしゃい
ませ…

パタン
あ…
あなたは
あの…超有名な
オーノ・ヨーコさん！
（当時80代）
こ…
こちらへ
どうぞ
あなたの噂を
聞いて来たの
あれ？

どうかされた？
ヨーコさんを見た瞬間
この人はアトランティスにいた人だ――
そう直感した
来月エリザベート女王に招待されているのよ
方位が気になって…
方位ですか…
手相や方位の鑑定もさる事ながらいろんな話に花が咲き

ヨーコさんってたくさんの占いや健康法を実践されているんですね
もちろんよ
素晴らしいと感じたことは何でも活用するわ
へぇ…すごいなあ
ところでヨーコさんって中国の西太后《せいたいごう》みたいですね
ピクッ
アナタ今何て言った?
え…
ヨーコさんは西太后みたい…と言ったんですが
ちょっと待って

これ見て！
ちょうど昨日
西太后の写真に
顔だけ私にすげ変えた
コラージュを完成させた
ばかりだったのよ
え…!!
アナタって
色々分かる人
なのね
いや…
どうも
ちょっと
ビックリ
したワ

初対面だったけれど
ヨーコさんは僕にだいぶ
心を開いてくれて
1時間20分程
二人で話し続けた
亡き夫ジョンの
個展を開きたいの
今年の夏と秋
どちらが
いいかしら？
夏はW杯があるので
秋になさった方が
より注目
されるのでは？
そうね！
そうするわ
ジョン…
ありがとう
秋にするわ
ヨーコさん…
今でもジョンを
愛している
んだな

今日はありがとう また相談に 伺《うかが》わせて もらうわ
ぜひ いらして 下さい
…だけど 何故ヨーコさんが アトランティスに いたなんて 思ったんだろう…?
みちるー
ガチャ
あっ サラ!
何か進展 あった? タイムマシンの 事とか…

いや全然
私もクイーンズ区界隈《かいわい》で聞き込みしてみたけど収穫ゼロ！
コイツ何言ってんだって目で見られたわ
………
まあ…内容が内容だしねタイムマシンって…
やっぱり僕の聞き間違いって可能性も…
そんな事ないわよ！引き続きいろいろ調べましょ！
そうは言ってもな…

明日僕もまた
クイーンズ区へ行って
何か手掛かりを
見つけよう…
RRRRR…
知らない
番号だ…
着信中
○○-○○○○-○○○○
はい
こんばんは
みちるさん
ですか？
はい
そうですけど…
こちら
クイーンズ区
の秘密社です
えっ
!

○月○日○○時に
今から言う場所に
来て下さい
えっ
ちょっと
待って…
時間厳守です
それでは
お待ちしています
え
あのっ…
プツッ
切れた…
今のって…
イタズラ?
まさか…
21:42
通話終了
01:35
あっ
サラ?
実は
かくかく
しかじかで…

ビーッ
ハイ
ここ…？
あの…
みちるという
者ですが…
お待ちして
おりました
どうぞ

おや？
後ろの方は？
あ…連れがいるんですがダメでしょうか？
……
まあいいでしょう
ようこそみちるさんとお連れの方
はあ…
私はこの会社の担当の者です
ザーッ

急にこんな事になって
驚かれているでしょう
殺風景な部屋…
キョロ
キョロ
今からいくつか
説明をします
あちらの椅子に
おかけ下さい
ホントに大丈夫かな…
ヒソ
ヒソ…
危ない話だったら
逃げましょ

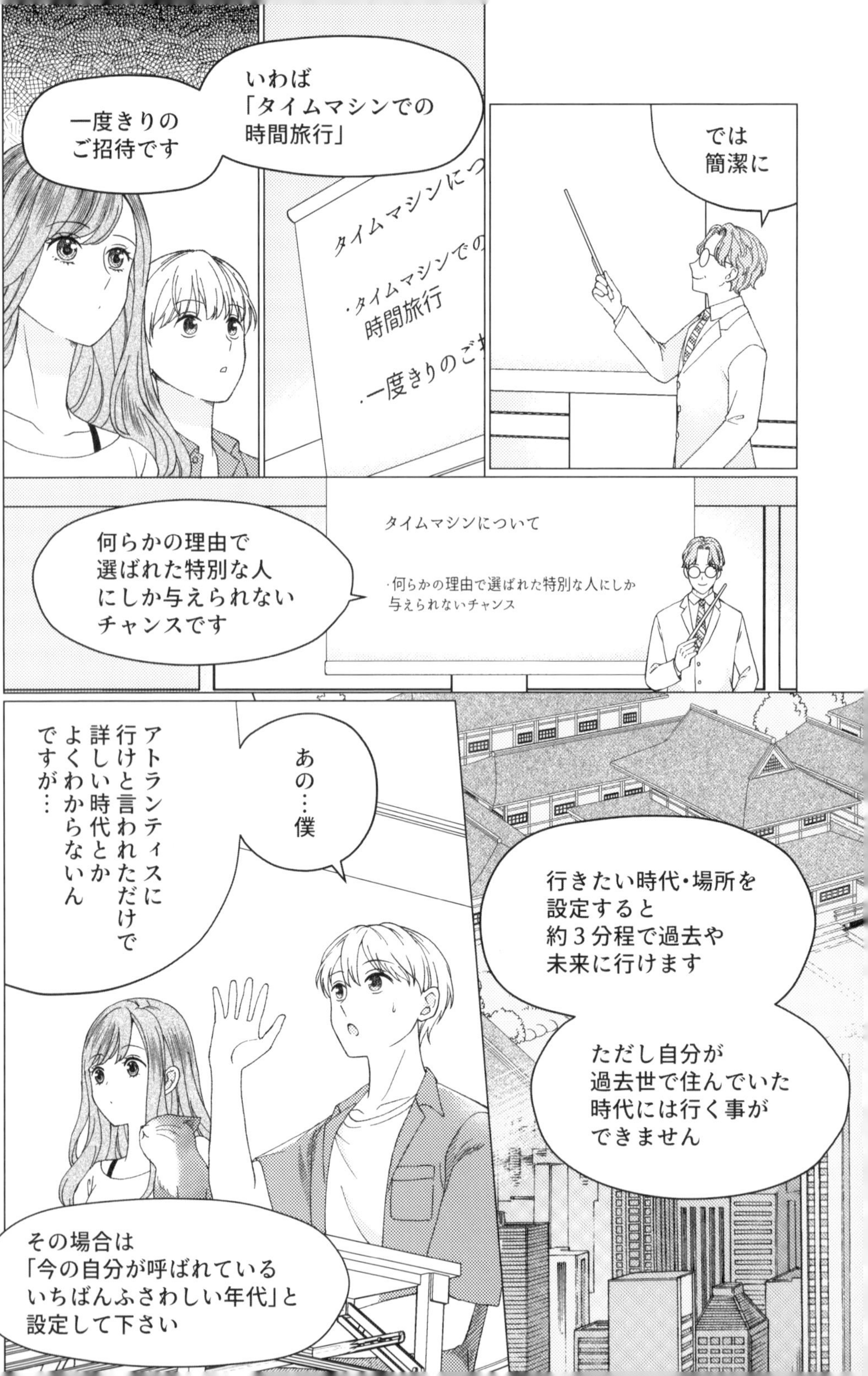
では
簡潔に
いわば
「タイムマシンでの
時間旅行」
一度きりの
ご招待です
タイムマシンにつ
・タイムマシンでの
時間旅行
・一度きりのご
タイムマシンについて
・何らかの理由で選ばれた特別な人にしか
与えられないチャンス
何らかの理由で
選ばれた特別な人
にしか与えられない
チャンスです
行きたい時代・場所を
設定すると
約３分程で過去や
未来に行けます
ただし自分が
過去世で住んでいた
時代には行く事が
できません
あの…僕
アトランティスに
行けと言われただけで
詳しい時代とか
よくわからないん
ですが…
その場合は
「今の自分が呼ばれている
いちばんふさわしい年代」と
設定して下さい

私も一緒に行きたい！みちるしか行けないの!?
是非行かせて下さい！
ニャー！
ご安心を付き人は二人までOKもちろん無料です
やった！
では早速準備をして下さい
準備が整い次第すぐに決行です
そうして僕は急遽《きゅうきょ》一ヶ月の休暇を取り
アトランティスへ旅立つ事となった――
は…はい！
もちろん秘密厳守《げんしゅ》でお願いします
はい！
えー と…

洋服とノートとスマホ…
あとライトと本と少し食料と…
も〜〜〜みちる！
そんなに大荷物じゃなくても大丈夫よ！
え…でもいろいろ心配でさ
つっ
きっとなんとかなるわよ！
それよりこのチャンスを存分に楽しまなきゃ！
サラって…なんていうかたくましいよね…

早速来て
下さいましたね
ではこちらへ
どうぞ
ウィーン
ドキ
ドキ…
これが…
タイムマシン？

へぇ～なんだか不思議な形ね中はどうなっているのかしら？
中に入る前に身体検査をします
ピッ
ドキドキ
ではお入り下さい
ウィイィン
あ…中は車の中みたいだ
せまーい！
ぎゅう
大丈夫か？
ぎゅう

猫が一緒に乗り込むのは初めての事ですよ
それでは行きたい場所と時代を告げボタンを押せばいよいよ出発です
到着したら別の係の者が案内します
は…はい！
え…えーと場所はアトランティス
時代は…
今の僕が呼ばれているいちばんふさわしい年代へ！
承知シマシタ
今カラ2万5千年マエノ
アクロポリス郊外へ
向カイマス
ボタン！早く押して！
あっうん！
OK
えっ？誰の声…

グワン
ググワン
なんだ…!?
今まで感じた事ない
異次元の感覚…!!
グワン
ググワン
サラ、ミーシャ大丈夫？
グワン
グワン
うっひゃ〜〜たーのしーー!!
グワン
グワン
あ…そう…
きゃ〜
ニャー!!
間モナク到着シマス
Arrived
えっもう!?

着いたんだ…
あっという間だったね
お待ちしておりました
私はガイドのOです
あ、みちるですよろしく
これからお二人をご指定の場所までお連れ致します
サラ＆ミーシャでーす
言葉…英語なんだ良かった…
ホッ…
おっとこれは失礼

こちらはかざすだけで どんな言語にも瞬時に 変換できる翻訳ボードと 自動翻訳機つき イヤホンです
これがあればどんな 文字や言語でも 読み聞きが出来ます どうぞお役立て下さい
へぇー
便利ー！
ちなみに今 私は あなた方が21世紀のＮＹから お越しになる事を 知っておりましたので 英語を使いましたが
基本的に 時代や国関係なく どんな方でも 対応できます
キィ…
では外へ ご案内 致します

うわぁ…
すごい…本当に来たんだ…
まずはこちらで食事でもどうぞ説明はその後に
ふ———…

アトランティス時代の雑誌だ
えー！気になる
あれ？これって…
このポーズってどこかで…
見たことあるニャ
ええそうです
カチャ

この有名な物理学者 ベルモント博士は 後にアインシュタインとして ２万５千年後の地球に 生まれ変わった方です
えー!!
そういえば アインシュタイン博士は この舌出しポーズの写真を とても気に入っていて
ご自身の知人たちに 写真屋さんに焼き増しを 頼んで配っていたと 聞いた事があります
やはり人は才能や学問を 持ち越してくるだけでなく クセまで持ち越して 転生してくるんですよね
あら… この曲は？
ふーん…なんだか ショパンのノクターン みたいだけど ちょっと違う…
有名ピアニストで 作曲家の オヴリエールという 男性のものです

これを作曲した
オヴリエールは
後にヨーロッパで
ショパンという名で
生まれ変わった人です
やっぱり！
曲調が似てると
思ったもの
学問や芸術の
才能・センスは
転生しても持ち越して
くるんです
ですから
趣味であっても
無名であっても
努力する事に
無駄はないのです
良い事
言うなぁ…
他には!?
アトランティス時代から
近代に生まれ変わった
人っているんですか？
ええ大勢
いますよ

またこんな話もあります
音楽家ではモーツァルトやベートーベン、チャイコフスキーもアトランティス中期に有名だった方の生まれ変わりですね
かの有名なスタッグ・ビートルズのボール・マッカートニーは
かつてアトランティス後期の音楽家でレアンドロという名で活躍し
あ！
あの「イ○スタディ」という曲はアトランティスでヒットしたものを生まれ変わったボールが再び蘇らせたものです

そういえば「イ○スタディ」はボールが夢の中で聴いた瞬間目が覚めとっさに書き写した曲だって…
えーっ!? そうなの？
ニャー
本人も色んな人に既にあった曲じゃないか聞いてまわったらしいよ
まさに自分の曲を2万5千年前の記憶から取り出し再びヒットさせた例ですね
また あなた方がよく知っているピカソ、ダリ、発明家のエジソンやテスラも
今から2千年ほど前にここアトランティスで活躍されていた方の生まれ変わりです
このようにアトランティスの高度な文明や文化を体験したたくさんの方々が転生し
次世代の多くの分野で過去から引き継いだ能力で人類の生活に貢献《こうけん》されているのです

すごいな…
ところで今回僕がこちらに呼ばれた理由って…
ああ
それはですね…
四年に一度開催される「アトランティス世界占い大会」にご参加頂くためです！
占い大会!?

はい､毎回各分野の
占いの第一人者を呼び
占い界の世界一決定戦を
行うのですが
今大会から各時代の
一番手の占い師も
様々な情報から選定し
厳選された方を
タイムマシンで
招待したのです
今大会で招待された
占い師は合計100人
そんなに!?
手相では21世紀で
最も力をつけたと
されるみちるさんが
ノミネートされました
それで
僕が…

占いと言っても様々な占術がありますからね
西洋占星術
水晶玉占い
人相
タロット占い
姓名判断
手相
算命術
紫微斗数
四柱推命
数秘術
方位学
奇門遁甲
数霊術
家相
そろばん占い
易占い
ジプシー占い
インド占星術
トランプ占い
ダイス占い
印相
風水
執筆占い
オラクルカード
etc…
墓相
コイン占い
へぇー そんなにいろんな占いがあるんだ
その中からNo.1を決めるってワケね！
では簡単にルールを説明します
大会自体は1日のみ
まずは午後3時からの予選です

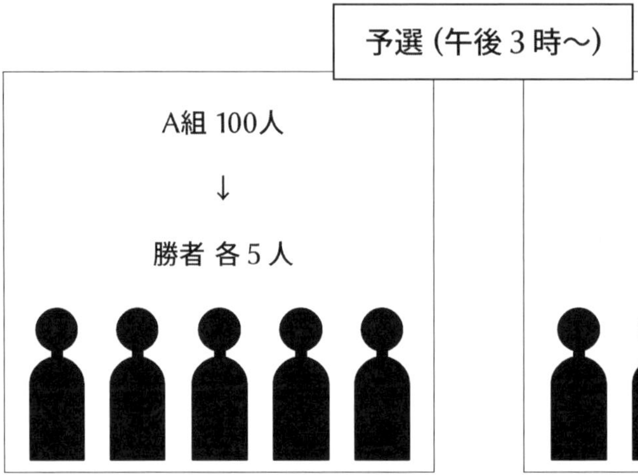
予選（午後3時〜）
A組 100人
↓
勝者 各5人
B組 100人
↓
勝者 各5人

まず2組に分かれていただき勝ち残った各組5名ずつが準決勝に進みます
最初で結構な数がふり落とされるんだね…
みちる！ファイトよ！
なお この予選には…
え？
いえ、何でもありません
？
続いては午後5時からの準決勝
予選を突破した各組5名ずつが別の会場で対戦します

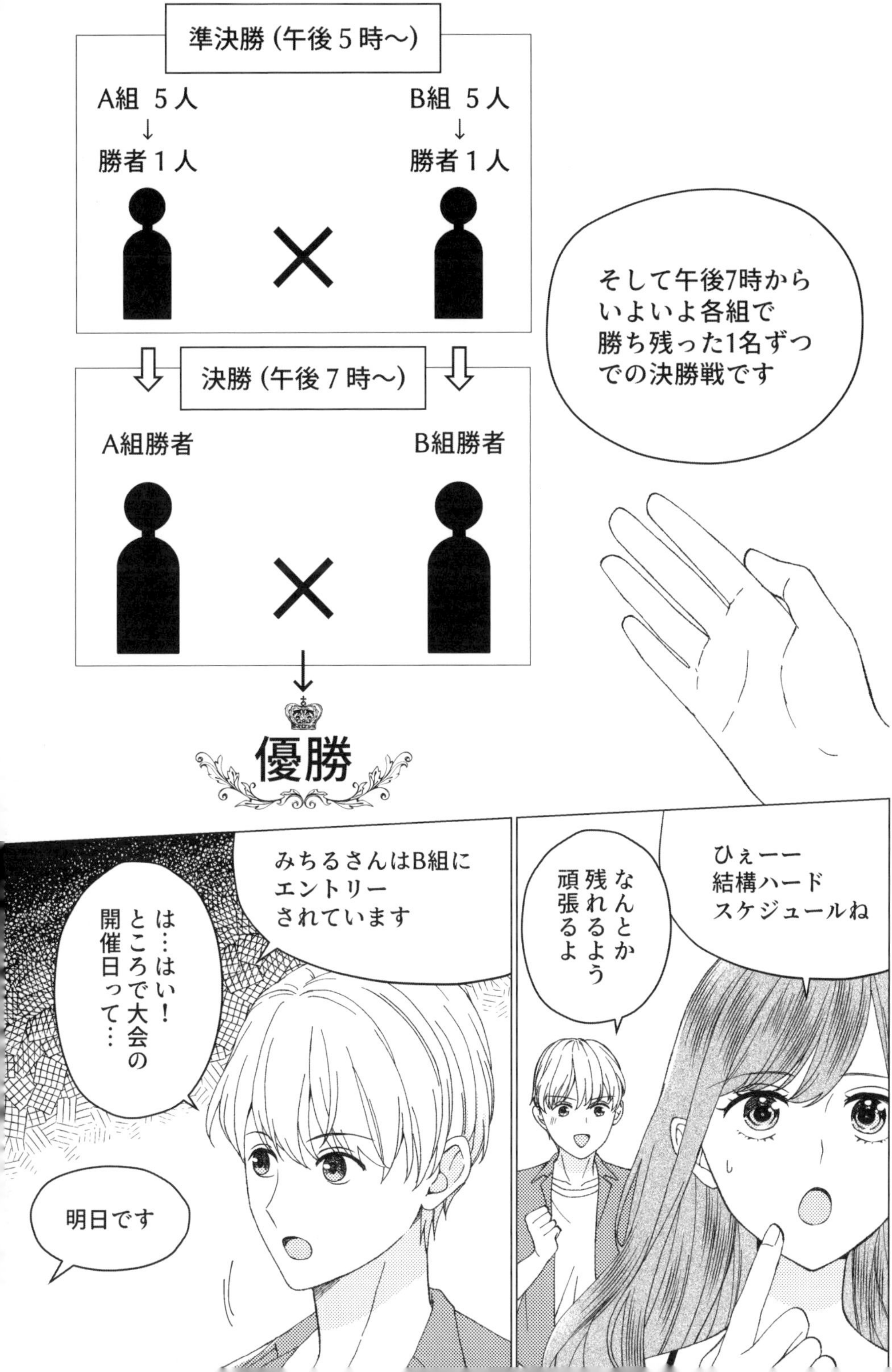

準決勝（午後５時〜）
A組　５人
↓
勝者１人
B組　５人
↓
勝者１人
決勝（午後７時〜）
A組勝者
B組勝者
優勝
そして午後7時から いよいよ各組で 勝ち残った1名ずつ での決勝戦です
ひぇーー 結構ハード スケジュールね
なんとか 残れるよう 頑張るよ
みちるさんはB組に エントリー されています
は…はい！ ところで大会の 開催日って…
明日です

ですので
今日は早めに
お休み下さい
えっ?!
急だなー
ちなみに…
優勝最有力候補は
現在3大会連覇《れんぱ》中の
A組のクロウ・パート
という有名な
水晶玉占い師です
クロウ・パート…
今のところ
その人が
絶対王者なのね

このあと
宿泊施設へ
ご案内します
不明点があれば
その都度《つど》
ご質問下さい
こりゃー
観光ってワケにも
いかなそうだね
残念だけど
しょうがないわ
お部屋は1人部屋
ですので別々ですが
ご了承下さい
お食事は施設内の
レストランを
ご利用下さい
こちらは
食事券です
それでは
失礼致します

……
なんだか
スゴイ事に
なってきたわね
サラ
ごめん僕
明日に備えて
早めに休むよ
OK
それがいいわ
パタン…
フゥ…
アトランティス…
占い大会…
一体
何がどうなってるんだ…

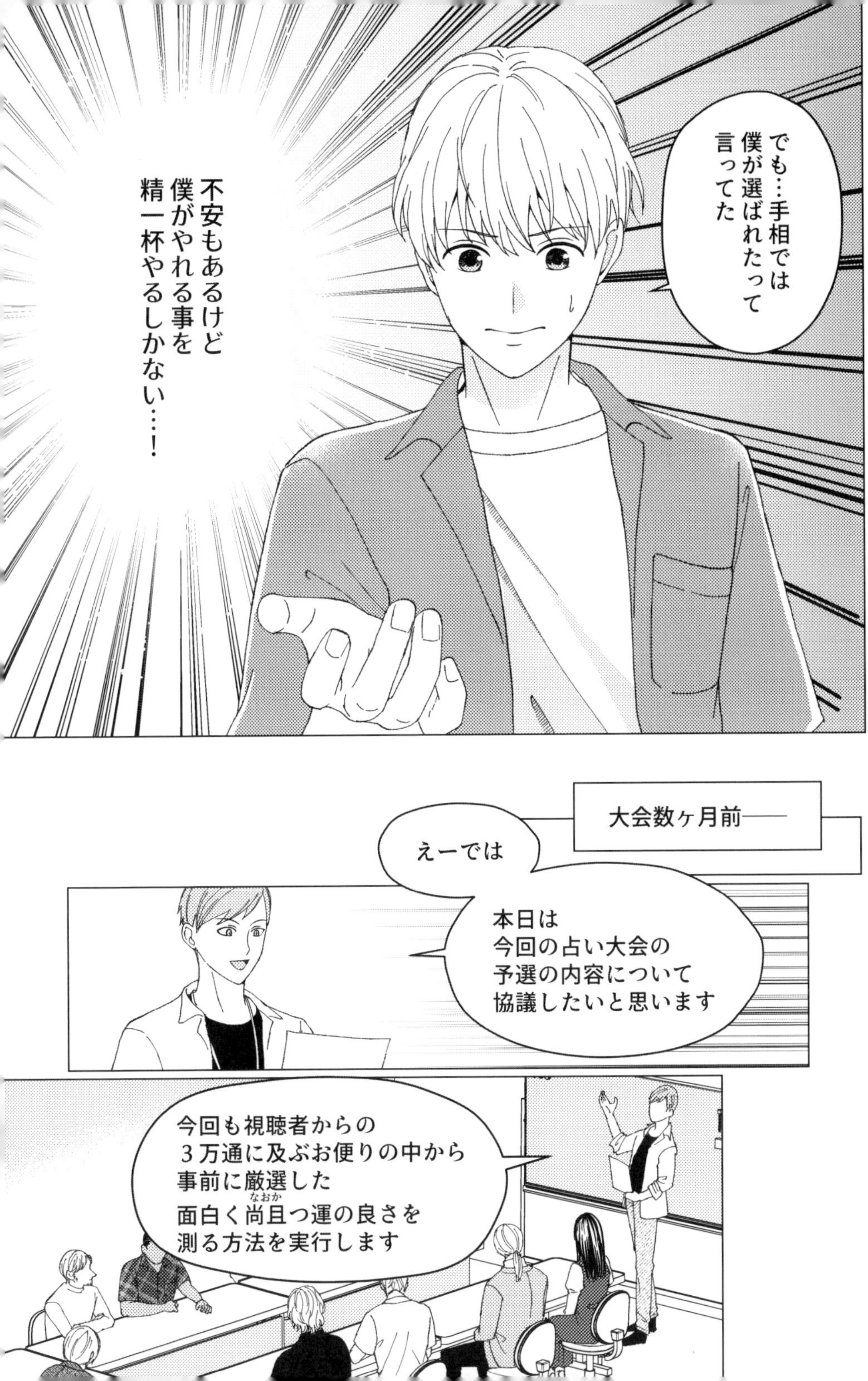
でも…手相では僕が選ばれたって言ってた
不安もあるけど僕がやれる事を精一杯やるしかない…！
大会数ヶ月前――
えーでは
本日は今回の占い大会の予選の内容について協議したいと思います
今回も視聴者からの3万通に及ぶお便りの中から事前に厳選した面白く尚且《なおか》つ運の良さを測る方法を実行します

今回のテーマは
「易者身の上知らず
ではならぬ」
占い師は人の未来を
読み取るだけでなく
自分自身に起こることも
正確に知る事が大切である
という事で――
今回はまず自身で
自己の当日の運気を
占ってもらい
何らかの方法で
注意点や危機を
キャッチして
上手く避けて
いただきたい
そうした中で
一応共通の
質問もしますが
最も重要な審査対象は
災難を避けられたかと
いう点です

災難って…なにか罠《わな》でも仕掛けるのですか？
えーそれがですね プロデューサーの意向で飲み物にある仕掛けを施します
予選開始時に全員に飲み物を配ります
その中に・笑いダケ粉末・泣《な》き上戸《じょうご》粉末・睡眠薬のどれかが必ず混入しているのでどうにかして見破れた人が生き残るというプランです
わ…
ざ
え… ヤバくないですか？ 大丈夫ですかね？
ザワ
もはや占いの域を超えて…
ザワ
ダメダメ 抜けてるよ！ もう1つ 入れなくっちゃ！

え…
もう１つ
ですか？
何を…
下剤《げざい》だよ
下剤！
ざわ
ざわ…
げ…下剤ですか…？
なんだよ!?
いいじゃないか
下剤
それは
ちょっと…
なんでソレを…
だってう○ち
大好き
なんだも～ん

わ…分かりました
では下剤を含む
4種類でいきます
はぁ〜〜
なんであの人が
運営のトップなの…
で…では
飲み物の罠を
くぐり抜けた
人たちには
改めて別の質問で
それぞれの力を
見せていただく
事とします
占い大会・当日——

ワイ
すでに
すごい熱気
ワイ
こんにちは
B組の
みちるさんですね
お連れ様も
楽屋へどうぞ
B組 楽屋
ふー…
ドキ
ドキ…
みちる

みちるなら
大丈夫よ！
自信持って！
サラ…
ミーシャと一緒に
見守ってるわ！
ありがとう
頑張って
くるよ
レディース＆
ジェントルメン！
只今より第33回
アトランティス
世界占い大会を
開催しまーす!!
ワ
ッ

今回からはなんと
時代を超えて
各分野のトップレベルの
占い師がこぞって参加！
B組予選会場
優勝者にはとっておきの
「ある権利」が
与えられちゃいますよ！
今回も
アトランティス全土300局と
世界中5700局のテレビ局が
開始から終了まで同時生中継！
in 楽屋
みちる
ファイト！
ドキ
ドキ…
それでは皆さん
各自まずは自分自身の
今日の運勢や注意点など
占ってみましょう！

えっ…今日の自分の運勢…？
その後に１問目の問題を出しまーす！
それと今お配りしているジュースは今年アトランティスで最高賞を受賞したフルーツジュースです！ご遠慮なくお召し上がり下さい！
どうしよう…手相で今日の運勢なんて…
これはみちるには不利だわ…
よしっ！
ばっ

TEMPERANCE
節制の
逆位置…
水とカップに…
何かある？
！
ミーシャ大変！
あのジュースは危険よ！
みちるに飲ませちゃ
ダメ！
ニャ!?
オイラに
まかせる
ニャ！
ミーシャ
お願い！
ダッ

どうぞ
あ、ありがとうございます
バッ
ニャーーー!!!
ッ!
おっとー!? 猫が乱入してきました!
一体どこから来たのか!?
ぴゃーーーっ
あれ? 今のって…
フー… 危なかった～

あのドリンク…
何が入ってる
ニャ？
あっ！
オマエはさっきの
ドラ猫だな！
ニャッ!??

この野郎
とっ捕まえてやる！
バッ！
ニャニャー!!
キャーッ！
ダッ
ニャーッ!!
バシッ
バシャア
ゴクン
タタタター
うっ

ト…トイレ～～～～!!!
ダーーッ!
くっそ～～！
早く！もれる!!
ドンドン
ドン
ドン
ドン
!!!
ズラ～～～
あっ…
あ～～～
出ちゃった～～…
へなへなへな

あっ
ミーシャ！
戻ってきたのね
ありがとう！
なんだか会場が
大変な事に
なってるの！
おーっとどうしたのでしょう！
多くの占い師が突然
おかしな行動を取り始めました
これは一体
どういう事か!?
あははは
ははは
ははは
うわあ～ん～
何よ
これ…
どうやら先程配った
ジュースに何かが
仕掛けられて
いたようです！
トイレ～～～

ワー
ワー
どうなってるんだ…!?
ハッ
ミーシャ…
これはサバイバルです！
見破った者
難を逃れた者
どんな方法でも
生き残った運の良い者
だけに次の質問に答える
権利が与えられます
A組もB組も
この状態だと
八割方は棄権《きけん》ですね
さぁ残ったメンバーは
A組11人 B組13人！
今から出す問題に
正解した各組５人が
準決勝へと
進出します！

それでは問題です
今からこちらのとある女性の資料をお配りします
資料には顔写真、生年月日時間、出生地、手相画像など様々な情報が掲載されています
それを元に「この方に３年前に起こった大きな出来事は何か？」を当てていただきます

制限時間は３分！
それでは
よーいスタート！
えーと…
歳は45歳…
Age.45
便利だなー
ガイドさんがくれた
この翻訳機…
30秒経過！
やばい
急がなくちゃ
あった！
手相画像

この方は現在45歳
3年前は
42歳だから…
あ…これは…
3分経過！
それでは一斉に
回答をお出し下さい！
バンッ！
おーっとさすが
今大会は時代を
超えての参加者が多数！
ほとんど
読めない文字
ばかりです！

でもこの自動翻訳機があれば大丈夫！
それでは正解発表です！
正解は…
「病気になって手術した」です！
病気になって手術した
果たして正解者はどのくらいいるのか!?
正解者は
インド占星術のアーナさん
トランプ占いのランディーさん
数秘術のオリバーさん
ダイス占いのミュラーさん
そして…
みちるは!?

手相占いの
みちるさん！
病気＆手術
やった！
ニャー!!
ちょうど５名残りましたね！
準決勝はこの５名の
戦いとなりました！
ふ〜〜〜
良かった〜〜
病気＆手術
彼女の手相には
横から細く伸びて
生命線の42歳地点を切った
婦人科系の病気の線があった
やっぱりこの
流年法は
ここでも通用する…！

ガチャ
みちる！おかえりー！
なんだか大変だったわね
うん まさかの展開で焦ったよ
でも…
ぷいっ
準決勝まで時間もないし少し休みましょ
あ…
ターッ
A組のほうも予選終わったみたいね

優勝候補
クロウ・パート氏
あれが優勝候補のクロウ・パートか…
決勝で会う事になるわね
もう～気が早いって
何言ってるの！ここまで来たら絶対勝つわよ
う…うん！ベストを尽くすよ
B組準決勝進出の方ー！
会場にお越しください！
じゃあ行ってくるよ
応援してるわ！

準決勝会場――
午後５時になりました！
只今から
準決勝を行います！
予選を通過された
A組B組各５名による
占いバトル！
インド占星術
ここB組会場では
こちらの皆さんが
登場します！
数秘術
トランプ占い
ダイス占い
ここでの勝者が
いよいよ決勝へと
進む事になります！
手相

先程の予選と同じく
この方に５年前に
起こった出来事を
当てていただきます
よーいスタート！
さっきと同じ問題か…
よし！いける

それでは答えを
発表して下さい！
さすがは決勝戦まで
残った実力の
持ち主たち！
全員が「お金」に
関する答えを
書いています
果たして
正解は…
「遺産相続を
受けた！」
手相家の
みちるさん
ただ１人
大正解です！
遺産相続

や…やった！
他の方は「宝くじ当選」「年収大幅アップ」など惜しかったですが
ここは正確な答えを導き出したみちるさんを勝者といたします！
遺産相続
やったー!!
この方の手相には生命線内から昇る「遺産相続」と見なされる開運線があった
A組の結果も出たようです！
やはりA組勝者は優勝候補のクロウ・パートだーー！
クロウ・パート…
勝ち残ったお２人は午後7時からの決勝戦に備えて楽屋へお戻り下さい！

みちるー！おめでとー！
サラ ミーシャ ありがとう
まさかここまで来れるとは思わなかったよ
いよいよ決勝戦ね！ みちるなら 行けるわ！
ちょっと1人にしてもらってもいいかな
次に向けて集中したくて
そうね そう しましょう

ついに…決勝まで来れた…
ここまで来たら絶対に優勝したい…！
クン…
なんだか怪しい空気が漂ってるニャ
サラ
ミーシャどうしたの？
これは…
え!?

デビル…
もしかして対戦相手が
悪だくみしている…!?
ミーシャ！
頼んだわ
ニャー！
！
あのドリンクは
傑作だったよ
なかなかの
演出だった
だろう？
そうか…
あの2人は
グルだった
のニャ

おかげで
今年も優勝
できそうだ
多めに入れて
おいたよ
賄賂《わいろ》…!?
フフッ
手相家みちる
自分が負ける事も
知らずに…
これが
決勝の
解答だ
いつも
助かるよ
スッ

それじゃあな
スッ
タタッ
どうにかして
あのメモを…
フー…
ガシャン
!?
なんだ!?

ばっ
バーーッ
サラ！
大変だニャ！
かくかく
しかじかで…
ミーシャ！
ええ！これが
決勝の答え?!
まったくもう…
最初からなんか
怪しいと
思ってたわ
そうだ！
こうして…
急いでサラ！
時間がない！

メモを
書き換えたわ
時間がないから
最後の2問だけ
ミーシャ
頑張って！
私も…
他に何か
出来ることは…
じゃそろそろ
2人を呼びに
行って
ハーイ
ハーイ
お兄さん

道に迷ってるの
助けて
下さらない？
時間かせぎ
しなきゃ
間に合った
タッ
パサッ
クロウさん
スタンバイ
お願いします
タターッ
ああ
ん？

ああなんだ
落ちていたのか
どうかされました？
いや
みちるさんスタンバイ
お願いします
あ…ハイ
いよいよか…
ついに…決勝戦だ！

ワァァァ
さあーいよいよ決勝戦のお時間です！
A組からは水晶玉占いのクロウ・パート！
B組からは初出場手相占いのみちる！
果たして優勝するのはどちらかーー!?

では決勝の
ルールを説明します
只今より視聴者の
中から選ばれた
ある大成功者の男性に
登場していただきます
これまでと同様まず
その人物の資料を
お配りします
それを元にこの男性の
それまでの人生が
どこまで読めるか？を
競い合っていただきます
問題は全部で7問！
より多くの正解を
答えた方が優勝です

それでは決勝戦！
2人の手元には
資料が配られました！
準備はいいか？
スターート!!!
カーン!
第1問！
この男性の性格は？
とても
ハッキリした
二重感情線…
さあ両者とも
答えは出たのか？

一斉に発表
して下さい！
相当な努力家
逆境に強い
チャレンジ精神旺盛
努力家…
逆境に強い
2人とも大体
同じ答えですね
果たして
正解は!?
A
B
両者ともに
大正解です！
ホッ
ワァー

では第2問！
この男性の好きな食べ物は!?
えっ…
何よそれ〜〜〜
フン
手相で分かるワケがなかろう
これは…
僕にはわからない…
一応占うフリをしている
では解答をどうぞ！
正解は!?
クロウ・パートは「ステーキ」
手相家みちるは「パスタ」
パスタ
クロウ・パート
大正解です!!

バカめ…どうせ
勝つのは俺だ
第3問！この男性は
結婚しているか？
しているなら何歳で？
これは…
28歳で運命線に流れ込む影響線…
よしっ
これは2人共
同じ答えです
両者大正解！
A
B
結婚している
28歳
みちる
ナイスー！

チッ
第4問！
この男性が成功した仕事は何か!?
知能線から出る運命線は先生や教育者向き
この方は…
そして知能線から経営才の線が小指方向に跳《は》ねている
さらにその経営線から昇る太陽線――
これは…

クロウ・パート
「教育関係」
手相家みちる
「教育事業」！
教育
またまた
両者大正解！
ワアッ！
A
B
さすが決勝戦まで
残るだけの
実力者たち！
では第5問！
この男性の年収は!?
アトランティス通貨で
①100,000 A＄
②5,000,000 A＄
③100,000,000 A＄
※アトランティスドル
今回は3択です！
アトランティス
通貨?!
ちなみに
1A＄で
水1リットルが
買えますよ―

…ってことは
この男性の今までの手相を総合的に判断して…
さあ両者の解答は!?
両者③の
100,000,000A＄！
大正解ー！
3
かなりの財を成す線が入ってたもんな
続いては第6問！
ここまでは絶対王者のクロウ・パートが全問正解！
6
この男性の体の弱点は!? 過去の病気になった年はいつか!?
病気の線か…

あ…
これは…
フッ
それでは一斉に
回答を出して
下さい！
腸
53歳
弱点は二人共
「腸」！
正解です
過去に病気した
年はいつか!?
答えが割れました！
クロウ・パートは58歳
手相家みちるは53歳
果たして正解は!?
…おっと!?

B
「53歳」です！手相家みちる大正解!!
な…
何故だ？！メモを見間違えたか？
ここで同点となりました！
まあ良い
次が最後の問題です！
決着がつかなければサドンデスに突入！
さあどちらが勝つのか!?
それでは第7問！

この男性が独立した成功のスタート年は何歳の時か⁉
ついに最後の問題だ…
落ち着いて焦るなみちる！
生命線上の開運線
運命線からの太陽支線――
わかったぞ！

ついに運命の瞬間が
やってまいりました！
一斉に回答を
出して下さい！
両者の回答が
出揃いました！
またも回答が割れた！
32歳
一方は「38歳」
もう一方は「32歳」
正解は――――!?

「32歳」！
手相家みちる
大正解です!!
やったぁぁー！
32歳
みちるーー！

サラ！ミーシャ！
おめでとう!!良かったーー!!
ありがとう
こうして第33回アトランティス世界占い大会は幕を閉じた――

新チャンピオン
手相家みちる
時代を超えての
初参加で初王者に！
3大会連続優勝の
無敵の王者
クロウ・パート
敗れる！
くっ…
手相家みちる…
この屈辱《くつじょく》は
世を越えても
忘れぬ
そして僕は
サラから
事の顛末を
聞かされ——
実はね…
そんなことが
あったの?!
サラ…
ミーシャ…
ありがとう

優勝者のみちるさーん！
今回あなたに授与される優勝の特典は…
ここアトランティスの神が祀《まつ》られている神殿をお参りし
その神様に実際に会える権利が与えられるという事です！
アトランティスの神――？
もしかしてシュバット・フェルツェンが言ってたのって…
お前は今アトランティスへ行かなくてはならない
この為か？

大会の翌日――
僕は早速
アトランティスの
神に会いに
丘の上にある
神殿に向かった
ここに…
神様が？

これまでの優勝者でアトランティスの神に会えた方は稀《まれ》にしかおりません
それに直近100年では誰ひとりとしてその姿を見る事が出来ていないのです
え…
それって…会えない可能性もあるという事ですか?
それはみちるさんあなた次第という事になります
では私はこれで

初めまして
21世紀から参りました
手相家のみちると
申します
アトランティスの
神様
どうかお姿を
現し下さい
応答なしか…
結局
その日は神様に
会える事はなかった

次の日も
その次の日も
一日中祈り続けても
神様は現れなかった
みちる…
帰りましょう
体がもたないわ
大丈夫
サラは先に
戻ってて
どうしたら？

どうしたら
神様に会える？
今の僕には何かが足りない
何か…ヒントを
あれ…この感覚…どこかで…
そうだ
あの時の
流年法を発見したあの時の——

今までの経験と
僕に関わってくれた
人達の人生のデータ
絶対に
無駄にしない
そうだ
今回ここまで
来れたのも
たくさんの
お客様のおかげで
研究できた鑑定データ
があったから
優勝できたのだって
サラとミーシャの
助けがあったから
僕だけの
力じゃない
当たり前の事なんて
何もない

僕は皆からの愛情に
守られていたんだ――
そしてこれからも
僕自身が
ただ当てるだけでなく
愛情に満ち溢れた
鑑定をしていかなければ
いけないんだ
ゴゴッ…

あ…あなたは…
みちるよ よくぞ悟った
それでこそ真の占い・手相家の境地なり
神人《しんじん》一体の境地なり

その気持ちを生涯忘れるでないぞ
世の占い界に待ちに待った一粒の光の子が現れた
そして元の時代に帰ったらなつきとリサにもよろしく伝えてほしい
今後も益々《ますます》の修行に励《はげ》み多くの人を救いなされ
!

そなたに力を授けよう
天眼通力《てんがんつうりき》と天言通力《てんごんつうりき》なり
きっとこれから多いに役に立つであろう
何かが
僕の中に——
それではサラバじゃ！
ゴゴゴゴ…
えっ

ゴゥン…
……
僕はまた
大切な事を
気づかせてもらった
帰ろう…

きっとまだ出来る事はたくさんある
僕の力を必要としてくれる場所で
多くの人を幸せに導いていくんだ…！
ありがとう…アトランティス！

手相家 M《ミ》ICH《チ》IR《ル》U 手相解説

第1章 みちるがアトランティスで体験した手相

登場人物順に紹介します。

解説 挿絵 西谷泰人

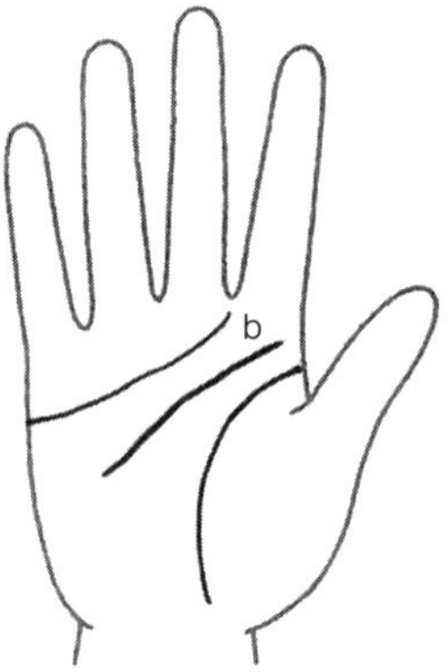

オノ・ヨーコさんの右手

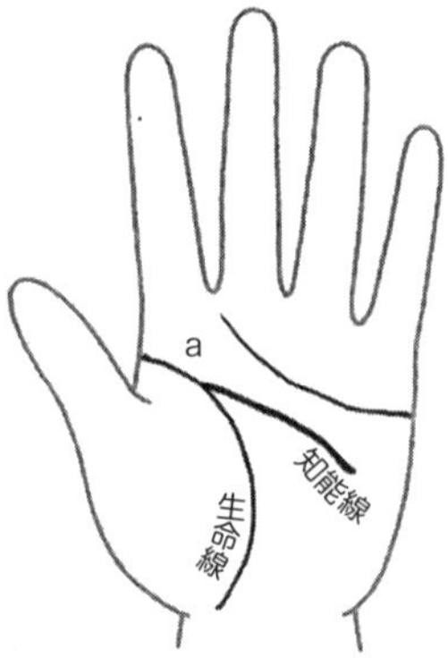

オノ・ヨーコさんの左手

オノ・ヨーコさんがニューヨーク鑑定室にいらっしゃる

★オノ・ヨーコさんの手相（漫画ではオーノ・ヨーコさんと表記）

左手は生命線と知能線の起点ａがくっついた「標準型」でしたが、右手は起点が離れたｂ「離れ型」。

※「離れ型」の知能線……度胸があり、周囲がビックリするような大胆な発想や行動をする人。インターナショナルな感覚を持ち、留学する人、国際結婚をする人、海外に住む人が大変多いです。

ヨーコさんの左手（先天運＝生まれ持った性格）は常識的だが、右手（後天運＝自分が生まれて以降に作った性格）は大胆で度胸があり、「なんとかなる」思考の人。かなり常識を飛び越える周囲も驚く行動力や発想の人です。

左手は常識的、右手が飛んでいる、ということになります。

そのため、初めてお会いしたときも、一見普通っぽいのですが、右の離れ型が出ると、驚くような飛び方をします。

また、左手は０歳～35歳までの中心的性格や生き方を表し、右手は36歳以降の性格や生き方を表しています。

ヨーコさんは36歳の右手の大胆人生に移行したときに、ビートルズ

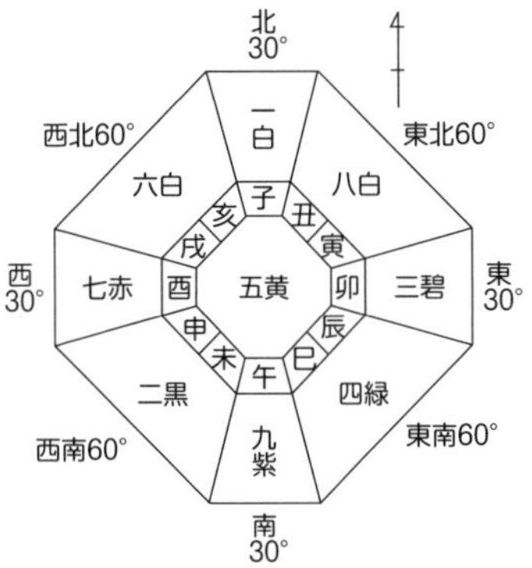

方位学の方位盤

のジョン・レノンと結婚し、それ以降、超奇抜な行動や発想で、世界に注目され続けたことは周知のとおりです。

ところで、ヨーコさんの手相をみ始めると、私の手首がビリビリとしびれる感じがしてきました。

これは他人の念（嫉妬《しっと》や妬《ねた》み）といった生霊《いきりょう》を、いろいろな人から受けている現象。有名人は大変だな、そう思いました。

★方位学とは

方位には、幸せになる良い方位（吉方位）と、行くとツキに見放される悪い方位（凶方位）があります。

方位は主に、その人が旅行や、引っ越しで行った方位の吉凶で占います。

自分にとっての吉方位を知る方法は、まず生年月日で自分の星を知り、自分の星に合った吉方位を知るということから始まります。

方位のことに関しては、私の方位学の本をご参照ください。

『すぐに使える実践方位学』や『吉方旅行と引っ越し』には、あなたの吉方位がひと目で分かる吉方位・凶方位早見表が載っています。

また、私が監修する便利な方位検索サイト『吉方位早楽《はやらく》・地図上検

西太后のイラスト

索システム』をご利用ください。

★西太后《せいたいごう》

世界三大悪女の一人とされたり、残虐《ざんぎゃく》非道《ひどう》の女帝のイメージが付きまとう西太后。実際は清朝末期に、４億人の民を率い、47年にわたって政権を運営し続け、中国近代化の基礎を作り上げた辣腕《らつわん》の政治家でした。

オノ・ヨーコさんは私がなんの脈絡もなく、会話中に突然、西太后の名前を口にしたことで大変驚いていらっしゃいました。

西太后の顔を、ご自分（ヨーコさん）の顔に挿《す》げ替えるコラージュを作ったばかりだったとは、驚きました。

手相鑑定に加え、そんな出来事もあり、信用を得たかな？

「あなた、いろんなことが分かる人ね」（ヨーコさん）と、おっしゃっていました。

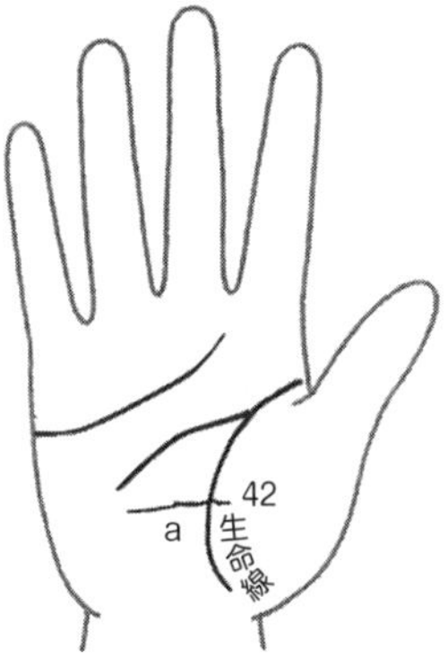

産婦人系の病気の線

タロットカードの
「節制」の逆位置とは？

タロットカードの節制《せっせい》の逆位置とは？

カップからカップへ、聖水を流し移す絵柄のカードの意味は？
度を越さないように抑《おさ》える、あるいは控《ひか》えめにするとか、調和などの良い意味があるカードです。
※その節制のカードが逆位置になると……カードの意味が逆の悪い方に転換します。
つまり、不安定とか、度を超えた大変なことになるなど。そもそもこのカード、カップに水が描かれているので、今日は飲み物関係が危険！
そうサラは判断したのです。

★女性の病気の線の見方

予選のサバイバルを通過し、残ったメンバーへの質問。
この映像で映し出された女性45歳の、3年前の42歳の流年（年齢）で起こった大きな出来事は何？　という質問です。
細い横から伸びる病気の線a（＝産婦人科系の病気の線）が、生命線を切っているので、産婦人科系の手術になったと判断しました。

みちる式流年測定法（生命線）

人差し指の付け根幅aを、生命線上に取ったところが21歳。その倍が29歳、そのまた倍が40歳……、というように取り、その他の歳はその歳を基準にして、小割していく。

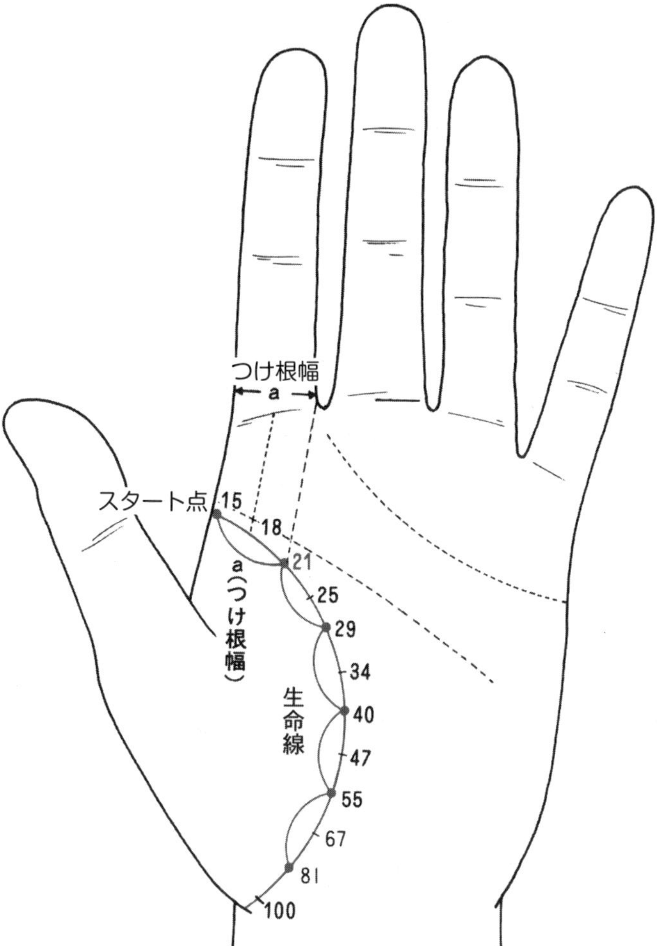
つけ根幅
a
スタート点
15
18
21
25
29
34
40
47
55
67
81
100
a（つけ根幅）
生命線

みちる式流年測定法（生命線）
※数字は満年齢

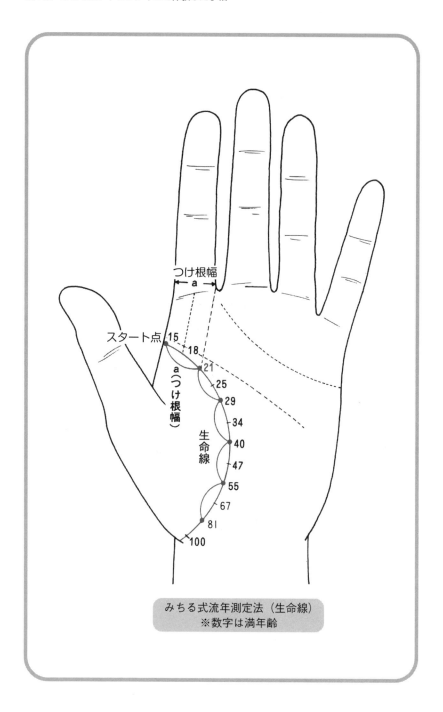

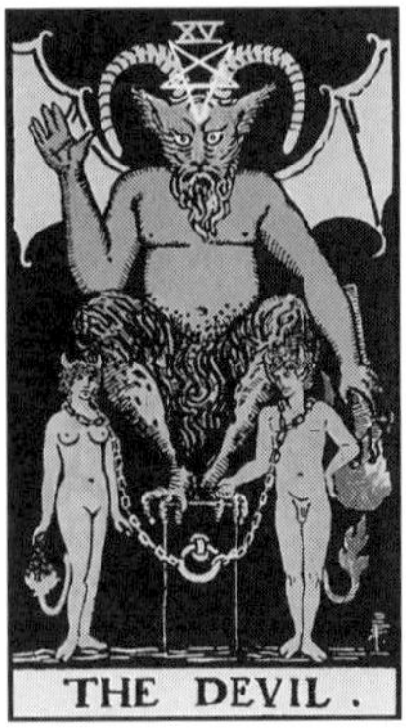

タロットカードの
「デビル（悪魔）」の意味とは？

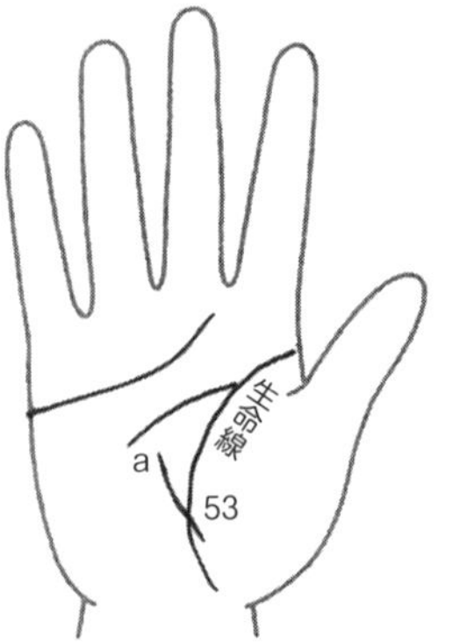

この女性58歳…
（5年前の53歳には！）

★準決勝のB組5名への質問は？

次に準決勝になり、この映し出された女性は？　漫画の中には年齢が出ていませんが、58歳です。

その5年前の53歳で起こった出来事は何か？　という質問です。

彼女の手相には、53歳の位置には、生命線の内側（身内を意味するエリア）からスタートした開運線aが上っています。

よく見ると、生命線内から上がる線の方向は〝薬指〟で、この線は太陽線です。

こういう場合、この線の読み方は、53歳で身内（生命線内は身内を意味する）からの多額のお金＝「遺産相続」を受ける、と判断しました。

★タロットのカードの「デビル」（悪魔）の意味は？

タロットカードのデビルの（正位置）の意味は、不純、悪巧《わるだく》み、欲望、自己中心、といった意味です。

サラはそのカードから、これは何か裏で悪巧《わるだく》みをしていると判断。瞬時に動き見破りました。

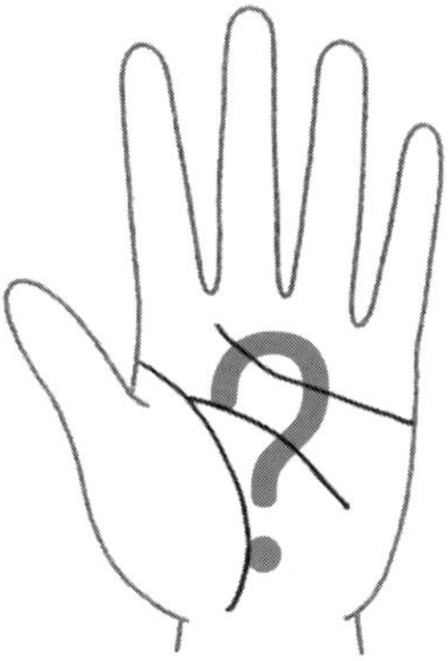

好きな食べ物は？

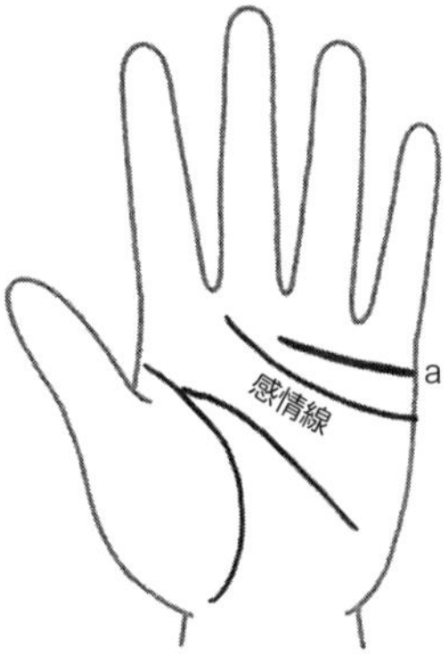

成功者の性格
（二重感情線）

★決勝の質問7問中【1問目】この男性の性格は?

手相で見ると、この男性は二重感情線の持ち主！　この人のように感情線がもう1本ある二重感情線aの人は、逆境に強く、倒れるまで頑張る努力家です。

★決勝の質問7問中【2問目】この男性の好きな食べ物は?

この男性の好きな食べ物……、これは手相では分かりません。大雑《おおざっ》把《ぱ》な傾向は分かりますが、ピンポイントでこの食べ物、という断定はできません。これはみちるを陥《おとしい》れる罠《わな》でした。

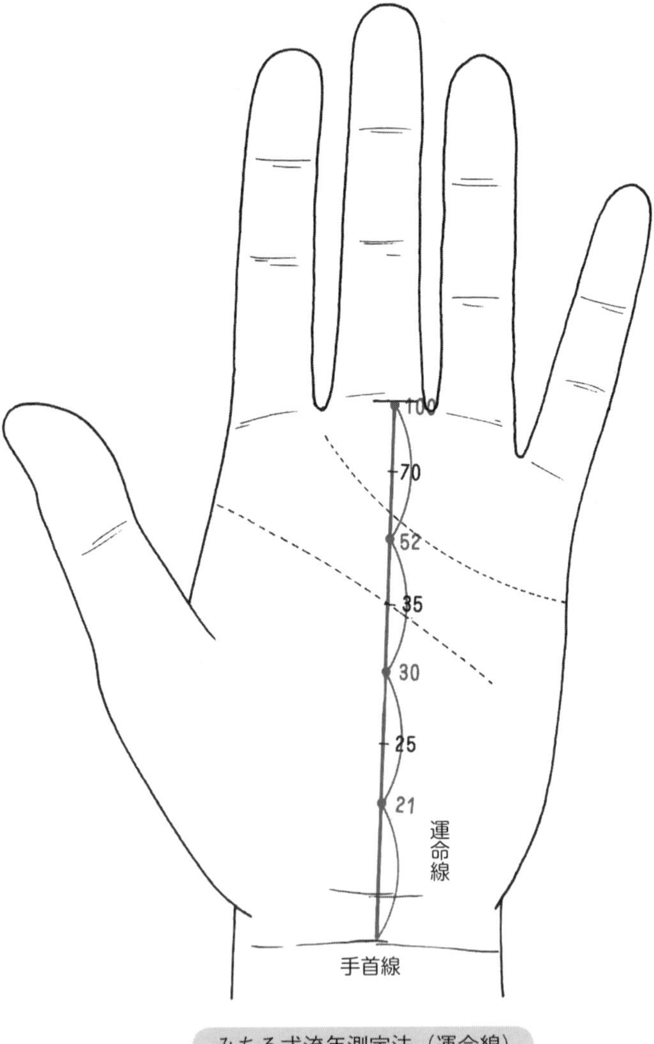
100
70
52
35
30
25
21
運命線
手首線

みちる式流年測定法（運命線）
※数字は満年齢

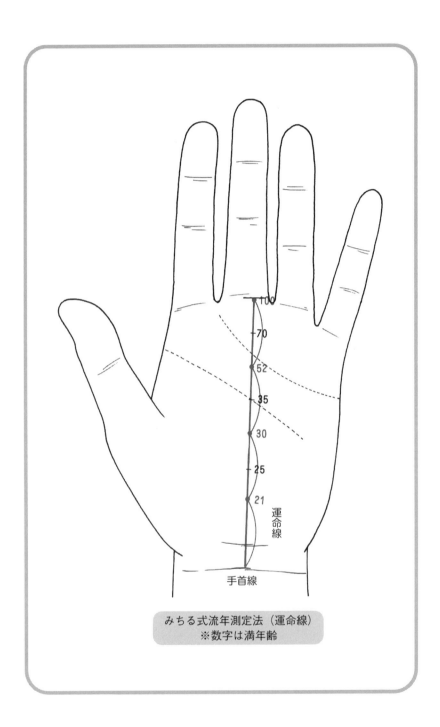

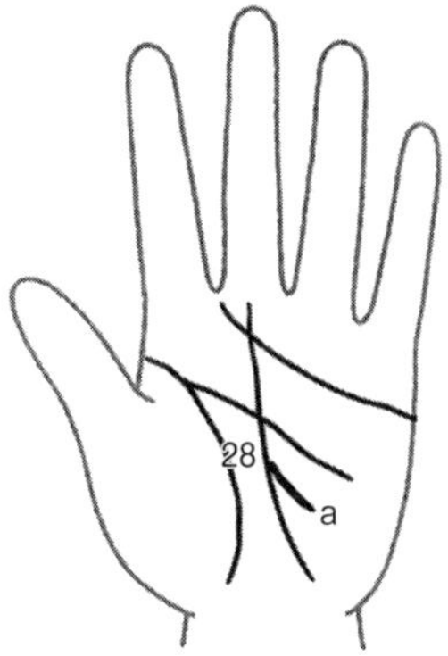

結婚の印が28歳に！

★決勝の質問7問中【3問目】この男性の結婚について？

この男性の手相は、運命線に影響線ａが流れ込み（合流し）、結婚の年齢を教えています。※年の数え方は右図参照のこと。

もっとも結婚以外にも、この合流する影響線は、その人の人生において、大きくプラスになるパートナーとの出会いや、かけがえのない人やペットとの出会いのこともあります。

みちる式流年測定法（運命線）

図のように運命線の流年は、一番上の手首線から、中指の付け根までを4等分して計ると分かりやすいでしょう。

手首線の上、四分の一地点は21歳。

真ん中四分の二の点が30歳。

四分の三地点が52歳。

終点が１００歳。

その他の流年は、それらの歳を基準に小割していく。

ところでこの男性のように、影響線が運命線に流れ込んだ地点が、結婚の年齢と判断しました。

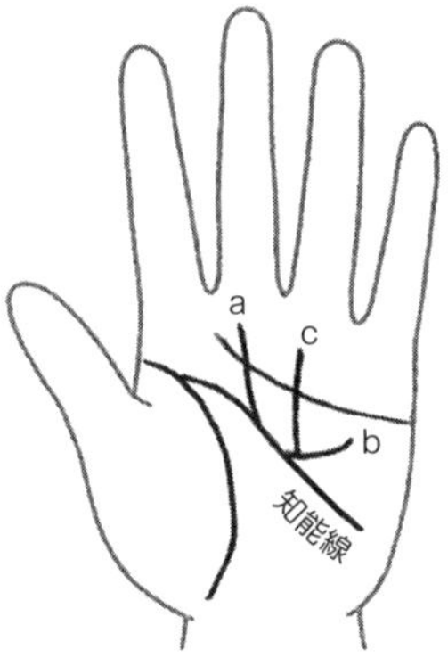

知能線から上がる吉相

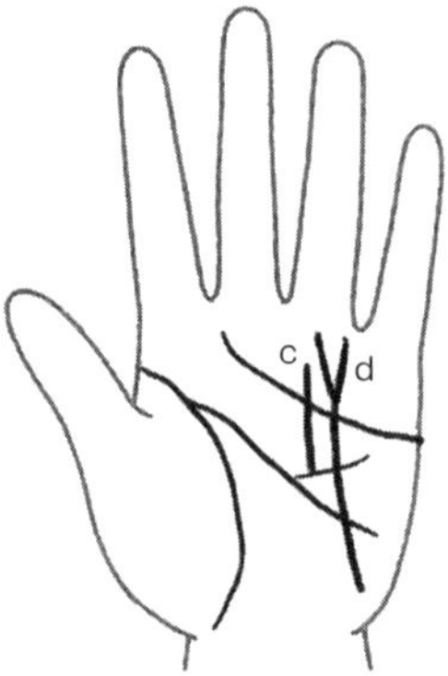

男性の手相　大金運！

★決勝の質問7問中【4問目】この男性の職業は？

この男性の職業の見分け方ですが、知能線から中指の方向に上る運命線aは、先生や専門プロとして成功する吉相。よって教育関係と見ました。

知能線から小指の方向に跳《は》ねるように出る線bは、経営才を示します。

そして、その線（経営才の線）から太陽線cが昇れば、経営で大きな成功を収める大吉相となります。

教育事業で大成功する大金運の持ち主です。

★決勝の質問7問中【5問目】この男性の年収は？

この男性の年収ですが……、経営才の線から薬指に向かって上がる太陽線c。この経営で金運を得る吉相があるだけでなく、彼には長い太陽線dがあり、それも薬指下で上に開く末広がりになっているという大金運相の持ち主です。

こうなると億万長者の相です。それで最高の年収を選択しました。

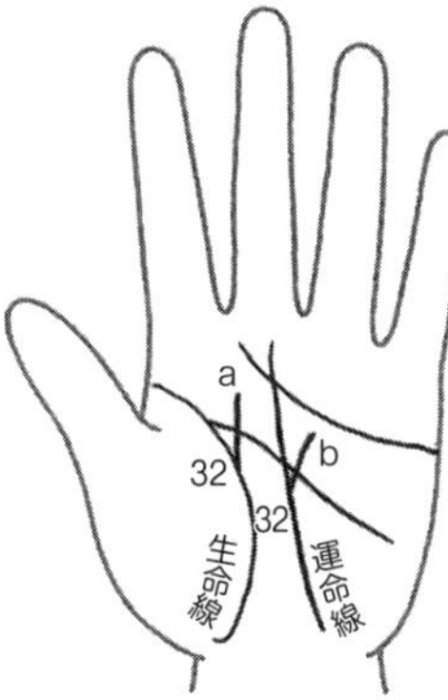

独立して
成功のスタート年！

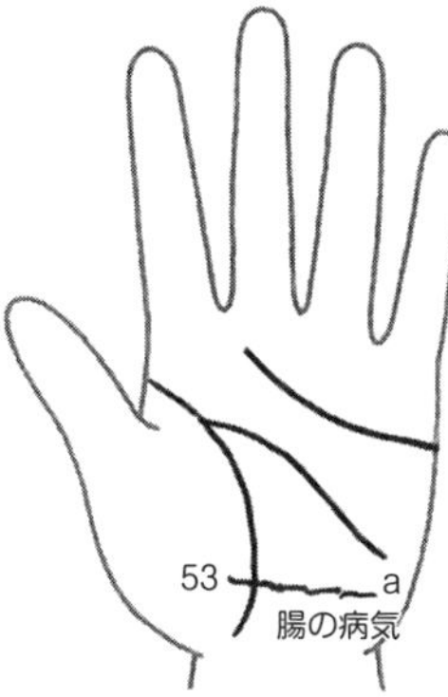

腸の病気の線

★決勝の質問7問中【6問目】この男性の体の弱点は？

そして、この男性の体の弱点や、病気に関してですが、過去の病気の年齢はいつ？　という質問には、腸の病気を現す横線ａが伸びて、生命線の53歳の流年で横切っています（この横線は上図のように切れ切れの場合も多い）。

つまり、53歳で腸の手術をすることになる（あるいは手術をした）印です。

★決勝の質問7問中【7問目】この男性が独立したスタート年は何歳か？

ラストです。この男性が独立したスタート年は何歳か？　ですが、手相を見ると、生命線の32歳に開運線ａが上がり、この年に日頃の願いが叶い、独立！、新天地へのスタートを切った！　という印です。

そして、運命線から出た支線ｂ（太陽線）が同年32歳でスタート！　この年に幸運な独立をした事を表しています。

というわけで、この男性は32歳で独立し、大きな成功のスタートを切った！　という判断をしました。

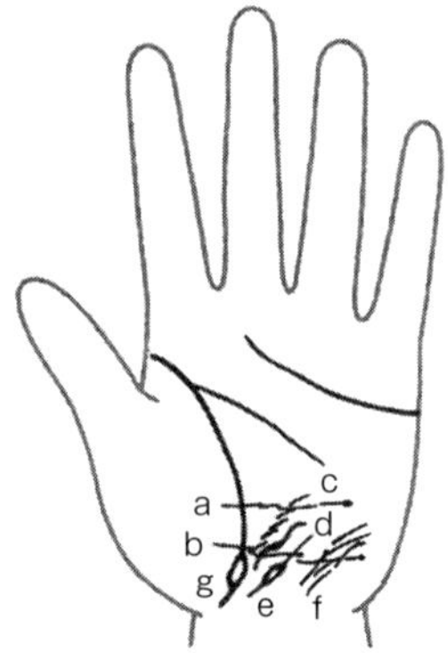

病気の線、各種

★病気の線、各種

病気の線は、生命線下部の小指側のスペースに現れます。
基本的には、左手に出ている病気の線は、遺伝的な原因です。
一方、右手に出ている病気の線は、自分が原因で体を悪くしています。

a　生命線の40代ぐらいの中年期に、薄い横線aが出てきたら、産婦人系の病気に注意です。薄くてよく見ないと見落とします。

b　同じ横線でも、生命線の50代以降に出る横線bは、腸疾患です。伸びてきて、生命線を切るほどになるとその生命線流年（年齢）で、腸の病気になりますから、大病を防ぐため、3年に1度ぐらいは腸のポリープ検査をお勧めします。

c　切れ切れの病気の線cは、胃腸の疲労です。

d　蛇行している線dは、肝臓腎臓系の疲れです。この線が伸びて生命線を切るようになると、肝臓・腎臓の病気に注意です。

e　病気の線に島の形e（楕円《だえん》形）があれば、呼吸器系疾患の印。

f　この斜め線fがたくさん出てくれば、不摂生のサイン！　疲労、睡眠不足、過労、ストレス過多、運動不足等で、体に疲労が溜まっています。しっかり睡眠を確保し、バランスの取れた食事が必要です。

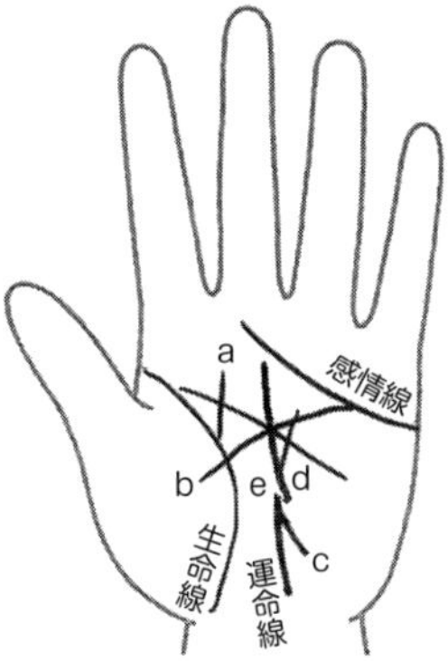

結婚の線、各種

もっともこの不摂生線は、4～5日不摂生が続けば、すぐに出てくる警告の線ですし、生活を正せば、4～5日で改善し薄くなります。

g　生命線下部に出る島の形は、糖尿病か糖尿予備軍です。ご注意を！

★結婚の相、各種

a　生命線から、縦線「開運線」aが上がれば、結婚を望む人なら、その生命線の流年で結婚します。

b　感情線からの支線「恋愛線」bが生命線を切れば、生命線を切った流年で大恋愛をします。結婚を望む人なら、その歳に婚約をし、結婚に至ることも多い相です。

c　運命線に流れ込む「影響線」cがあれば、運命線に流れ込んだ流年で、恋の勝利者になります。つまり、好きな人と結婚します。

d　運命線から薬指方向に向かう「太陽支線」dが出ていれば、その分岐点の運命線の流年で、結婚となります。

e　運命線に食い違った部分eがあれば、結婚を望む人には、その流年で新婚生活に入るなど、大きな運命の変化が起こります。

それでは、引き続き第2章をお楽しみください。

第2章　ニューヨークへ帰還

たっだいまー!!
あ〜
帰ってきたー
僕は一度きりの
アトランティスへの旅から
無事帰還し
ホッとしたのも
束《つか》の間《ま》…
ねえ
みちる

早速アレ試してみましょうよ
えっ今!?
アトランティスの神から授けられた力――
天眼通力《てんがんつうりき》
手相の流年《りゅうねん》(年齢)部分に指を合わせ移動させるとその人の過去・現在・未来の姿が見えるという能力
天言通力《てんごんつうりき》
天眼通力と同じ動作でその人の過去・現在・未来で経験した(する)事が言葉で聞こえるという能力
また状況によっては指導霊や背後霊の声を聞く事が可能だという――

今でも
信じられない
そんな力が僕に
授けられた
なんて…
なんだか
緊張するわ
じゃあまず
過去を見て
みようか
OK
会った時は
18歳だから
16歳あたりを
見てみるか
スッ

あ…
見える…
お嬢様
ピアノの先生が
みえましたよ
わかった
今行くわ
あ…16歳の
サラだ
毎日毎日
音楽のレッスン
語学のレッスン
もううんざり
もっと何か
ワクワクする事が
したいなあ…
お嬢様ー！
はーい

はぁ…
恵まれたお嬢様でも やっぱり悩みは あるんだな…
次は1年後の 17歳を見てみよう
スッ
サラ 準備は いい!?
OK!
すぅ

I can't remain this quiet
（このまま　黙って　いられない）

I'm in a hurry now
（急いでいるの）

I know there is someone
waiting for me
（私を待っている人がいるわ）

I've got to leave here
and meet you
（私はここを出てあなたに逢いにいく）

I don't need an easy life,
or a blessed life anymore.
（楽な生活、恵まれた生活はもういい）
I have to go on a journey.
（私は旅に出なくてはならないの）
I can see it. I can hear your voice.
（私には見えるの　あなたの声が聞こえる）
I will meet you soon.
（もうすぐ逢える）
お、お嬢様?!
何事だ?!
Donna donna
donna-don,
（ドナドナドナド）
my God
（私の神よ）

May your will be fulfilled
in the world.
（あなたの御心が世界中に実現しますように）
I pray every day and night.
（私は朝夕祈ってます）

サラ…
お父様 お母様…
私…
サラ
お前の気持ちは 分かった
やって みたい事を やるがいい

どうしたいんだ？
私…
NY《ニューヨーク》に行ってみたい!!
ドキドキ…

…よしわかった そうしなさい!!
本当!?
ありがとう お父様 お母様!!
…っていうのが見えてたんだけど
全部 その通りよ!!
すごい通力だわ… もうみちるには 隠し事できないわね
びっくり だニャ
ねえねえ 動物の手でも 分かるのかな？
え!?

ミーシャのも見てみようよ
動物か…猫の手にも流年ってあるのかな？
試しにやってみようか
ニャ
スゥ…
あ…見える
ミーシャは三兄弟？
そうだニャ
すごーい！
あ…シーンが変わった

ハハ…2人はこんな風に出会ったんだね
すごい！本当に全部わかるのね！
ニャー！
これは…すごい力を手に入れたぞ…
これからの鑑定に大いに役立ちそうだ
そして僕はNYでの鑑定を再開した

やあ！
君に会えるのを
ずっと待っていたよ
マイクさん
52歳
お待たせして
すみません
早速鑑定を
始めましょう
4年後…
56歳の位置に
蛇行する線…
肝臓障害の
病気の相だ
スッ
見えてきた…
かなりの
飲酒量だな…

この状態は…
命が危ない
どうだい？
…マイクさんの
ために
ハッキリ
申し上げます
このままだと
お酒の影響で
4年後に重症な
肝臓ガンになります
そんな…
でも…酒は
俺の生きがい
なんだ…
でしたら
量を減らすとか
毎日飲むのを
やめるようにしてください

…分かったよ
自分でも本当は
体に良くないって
わかってたんだ
週に何回かは
飲まない日を作って
量も減らすよ
あ…
スゥ…
蛇行する線が
薄くなってきた
人の意識は
瞬時に手相をも
変える力が
あるんだ——…
これで大丈夫
悪い未来は
今を変えれば
良い未来に変える事が
できるんです
どうも
ありがとう
でも本当は
100%禁酒すれば
もっとハッキリ病気の線は
消滅するんだけど…
ハイ…

でもいいです
ちょっとはお酒を楽しみましょう
Thank you!
プエルトリコ出身で会社を経営しているんだ
オリバーさん 43歳
建設業をしていて今は順調なんだけど
何か注意点はあるかな？
なかなかの努力家だな…
33歳で独立されましたね
そうなんだとても苦労したんだよ

ん？
通力で見てみよう
5年後…運命線の48歳の位置に障害線…
ん…？何かトラブルか？
この男性は…？
信じていたのに…ロバート
騙《だま》されるほうが悪いんだ
この会社はもう俺のもんだぜ

これは…
スッ
今日からこの会社で働くことになったロバートといいます
ロバート！よく来てくれたね
あなたと働けるのを楽しみにしていたんだ！
あの…
ロバートという体の大きい金髪の男性に心当たりは？
ああ　他社の知人にいるけど…
優秀な人材だからいずれうちの会社に来てもらおうかと思ってたんだ
そうですか…

what!?

このままいけば
2年後の45歳の時に
彼があなたの会社に入り

5年後48歳の時に
あなたを裏切り
会社を乗っ取ろうと
しているのが見えます

残念ですが
この方とは関係を
持たないほうが
賢明でしょう

そうか…
経験豊富で優秀な男と
目をかけていたんだが…

気をつけるよ

ちょ…ちょっと
待ってくれ

手相で
そんな事まで
分かるのか?!

実は今は手相だけでなく
別の力も使って
鑑定しているんです

まただ
オリバーさんの意識が変わって障害線が薄くなった
こんなにもダイレクトに手相と人の意識は繋がっているのか――……
それにしてもこの天眼通力と天言通力――
とてつもない能力だ
この能力のおかげでより詳細に未来の災いをキャッチして
その人の未来を良く変える事が出来る――!

そして
この力を得たと同時に
さらに不思議な出来事にも
遭遇《そうぐう》する事になり――
今日は
よろしくね
エバレッタさん
42歳
では見て
みましょう
生命線45歳地点に
障害線…
スー
ん…？

パパーーーッ
これは日付…？
11:03
10 JUNE
エバレッタさん 45歳の6月10日は 車の運転を しないで下さい
大きなトラックが 飛び出してきて 交差点で 大事故になります
ええ?! わ… わかったわ

あれ？
エバレッタさんの後ろに何か…
ボゥ…
ヒュ
ーン
この者の命を狙っていたのを邪魔するな！
うわっ
みちるくん
!!?

なつき先生!?
ぐあっ…
スゥ…
ニコッ
何!?
どうしたの？
あ…
いや…

エバレッタさんには見えていないのか…
今のはなんだ!? ハッキリと死神みたいなのが見えたけど
それになつき先生も――
OK
あ すみません再開しましょう
あれ？
さっきまであった長い障害線が消えていく――!
エバレッタさんもう大丈夫です
Thank you!

それにしても…死神が憑《つ》いてるなんて…
ぞく…
こういうパターンもあるのか
なつき先生…
きっと潜在意識下で繋がっていて僕のピンチを察して助けてくれたんだ…
ありがとうなつき先生
鑑定もよりパワーアップしたし僕自身の感度も上がっているんだな…
えーと…次のお客様は…
Hello!

どうぞ よろしく
ダニエルさん 44歳
こちらこそ
ご職業は？
会社を経営しています
彼は製薬会社を興《おこ》し一代で1000人の社員を抱える会社を築き上げた人物なのです
自分で言うのもなんですが
私はとても運が良いと思っています
へぇー！ 実は僕運の研究家でもあるんです
詳しくお話を聞かせていただけますか？

以前ある人に
僕の運の良さは
僕のルーツに原因があると
言われた事があって…
ルーツですか？
僕の祖父は
戦時中
軍の大将の地位を活用して
全員処刑が決まっていた
1万5千人の
敵の敗戦捕虜《ほりょ》兵の判決を覆《くつがえ》し
全ての人の命を
救ったそうなんだ
それは
すごい…
手相を見せて
いただけますか？
どうかな？

思ったとおり神秘十字形がくっきり…
ダニエルさん あなたはとても神仏やご先祖様に守られています
そうですか…
それにあなたのお祖父さんには1万5千人分の命を救った徳と全員の感謝の念が送られていて
孫であるあなたはその恩恵を受けていますだから運が良いのです
僕も祖父に負けないくらい人々を幸せにしたいです
絶対にできますよ！

なるほどなあ…
感じも良くてハンサムで
とてもいい手相を
している
もちろん今の成功は
ダニエルさんの
努力あってのものだけど
やっぱり
人の運の良さって
偶然じゃないな…
…っていう方が
この間鑑定に
いらしたんだけど
そうなると…
へぇー！
それはすごいわ
運は良いし
守られて当然
ってワケね

サラの家も大富豪だよね先祖の事って何か聞いてない?
ああ　母に聞いたことがあるわ
私は会った事ないけど父方の曾祖父《そうそふ》は一代で海運業を興《おこ》し大成功して莫大《ばくだい》な財産を築いたの
その財でそれはもうたくさんの寄付をしたと聞いたわ
へえ例えばどんな所に?

当時はまだ国の医療が発達していなくて病気で亡くなる人が多かったそうよ
そこで皆が医療にかかれるように大病院を50も建てたの
それから勉強する機会をつくるために学校を100建て
自分自身が若くて貧乏だった頃に読書で志を持ち
成功した恩返しとして人々にも読書や学びの機会を持ってもらおうと図書館を100建てたんだって

そのおかげか それ以降我が家は 繁栄を続けているわ
徳を いっぱい 積んだニャ
へぇー すごい人が いたんだね
何事も偶然は ないって訳だね
じゃあ 宝くじが当たる！ っていうのも 徳があるからかニャ～？
えー!?
サラ 通訳して！
You'll win the lottery.
（宝くじはあたるよ）
Oh! Come on, baby.
（オー、カモン　ベイビー）

You'll win the lottery.
（宝くじはあたるよ）
Hey, come on, baby.
（オー、カモン　ベイビー）
Oh, it will definitely come true.
（オー、それは必ず現実になる）
Come on, come on, come on.
come on, come on money.
（カモン、カモン、カモン、お金よ来い）
この曲盛り上がるわよねー！
そういえば寄付で思い出したんだけど
運のいい生き方を実践している人の一人として僕が注目していたのが
俳優のP《ポール》・ニューマンなんだ

Newman's Own
彼は酢とオイルで作るニューマン家のサラダドレッシングが友人たちに好評だったことから
ニューマンズ・オウンという社名で売り出したんだ
ニューマンの顔入りラベルのそのドレッシングはあっという間に全米に広がって大ヒットし
その収益のすべては慈善事業に寄付されその額は総額300億円以上というからすごい
すごーい
すごいニャ
そんなに徳を積んでるからいつまでも運がいい
多くの俳優は代表作が1・2作あればいいけどニューマンは違うんだ

61年の「ハスラー」は
もちろん代表作は
少なくとも6作
86年の「ハスラー2」では
アカデミー賞で
主演男優賞を
受賞している
おまけに
レーサーとしても
成功したんだ
それも尽きない
徳のなせる業《わざ》って
ことね
ニャー
83歳で死去するまで
とても幸せな
人生だったんじゃ
ないかと思う
なるほどねー
そういえばみちる
前にも指導霊から
徳にまつわる話を聞いた
って言ってなかった？
気になる
ニャ

そうだ…あれは
いつだったか…
「みちるよ
幸せになるためには
徳が必要である」
「どんなに
才能があっても
まず徳のある者が
認められて成功し
富や名声を得て
幸せになるのだ」
ふむふむ
「徳はあらゆる
幸せに
化身する」
「徳のある者は
容姿や健康・才能は
元より家族や
友人・子供にも恵まれ
協力者や顧客の他に
素晴らしい人生の師や
名医と会うことが
できる」

いい事尽《づ》くめじゃない！
あと…こうも言ってたな
「そして良き著作や芸術作品に出会え人生が向上する」
「また良き不動産や環境・金運・仕事運・愛情運・健康運も得られる」
でもそんなに全部うまくいくのかしら？
あ補足
「その他では愛するペットに会えるなどもある」
全部が揃《そろ》ってるわけじゃなくて
徳を積んだ部分は恵まれてそうでない所は弱いってこと
??
ニャ!?

例えば前世で人々をお金で救ったとすると
今世はお金持ちになる徳を持って生まれてくるけど
同時に前世で暴飲暴食をしたら
今世は体が弱かったり身体を悪くする業《カルマ》を持っているというパターンも多くある

そりゃそうか
全てが完璧な
人生なんてきっと
ないわよね
どんな人でも何かしら悩みはあるものだよ

僕がこの時
指導霊から教わった
徳を積む方法は
大きく4つ――

1. 人を向上させる…人の才能を伸ばす

2. 自分を向上させる…自分の才能を伸ばす

3. 人を幸せにする…人を物心両面で助け、敬《うやま》い、幸せにする

4. 自分を幸せにする…自分自身も物心両面で豊かになる

「特にいちばん忘れがちなのが自分を幸せにする事」
「善良な人であればある程自分を犠牲にして尽くす傾向がある
同時に自分の幸せも追求することだ」
そして僕の胸に最も響いた言葉
「人は幸せになる義務がある」
それは——

とってもいい話が聞けたわありがとう
これから僕たちもどんどん徳を積んで行こう！
幸せの形は人それぞれだけど
僕はこれからも最大限の力を使って
たくさんの人をより良い未来へ導いていく
それこそが
僕の幸せ——
—第三巻へ続く—

手相家 MI《ミ》CHI《チ》RU《ル》 手相解説

第2章 現代のニューヨークへ帰還し体験した手相

登場人物順に紹介します。

解説 挿絵 西谷泰人

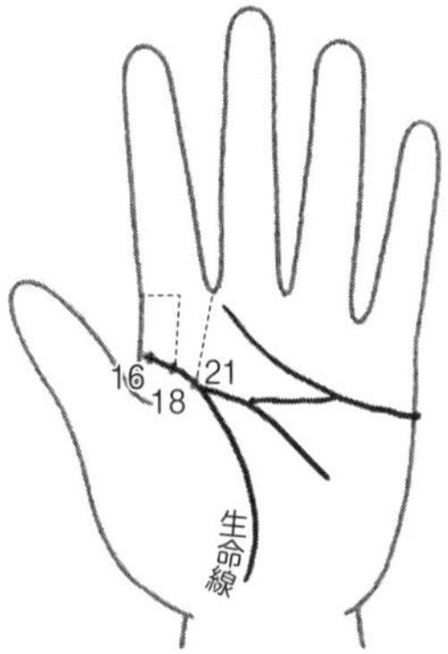

サラの16歳地点

最初に、授かった二つの通力の説明をします

★天眼通力《てんがんつうりき》

いろいろな見えない世界の霊などが見える超能力。

手相の線の、見たい流年（年齢）部分に指を合わせると、その人の過去・現在・未来の姿が見えるという能力。

★天言通力《てんごんつうりき》

いろいろな神仏の言葉が聞ける超能力。

天眼通力と同じ動作で、その人の過去・現在・未来で経験した（経験する）ことが、言葉で聞こえるという能力。

また指導霊や背後霊の声を聞くことが可能な能力です。

★サラの16歳地点の取り方

人差し指の付け根幅を生命線に取ると、21歳。

出会ったときサラは18歳で、それを生命線上に正確に取る方法は、人差し指の付け根幅の半分を、生命線上に取った位置が18歳です。

18歳のときのサラはこの地点にいます。

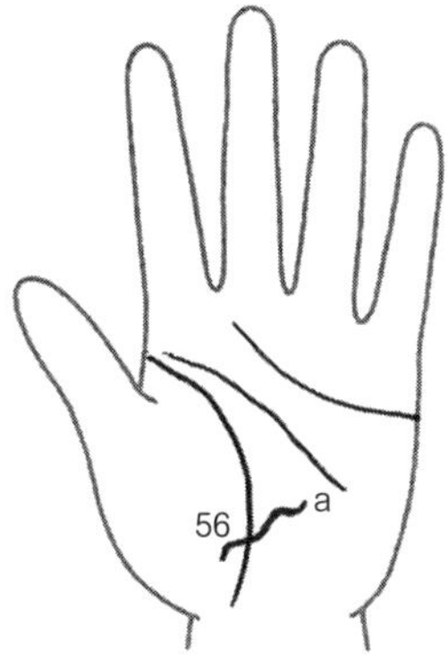

マイクさん（52歳）の手相
4年後の56歳で大病に！

また、16歳というのは、15歳から始まる生命線のすぐ隣《となり》になります。
そして17歳は、16歳と18歳の間となります。

★一人目のマイクさんの手相（52歳男性）、4年後の病気

蛇行する病気の線aは肝臓・腎臓障害を表します。このままいくと、生命線を蛇行する線が切る56歳で病気になります。
そんな未来を予《あらかじ》め知って、そうならない努力を始めたり、決意をすると、未来の災いは薄らぐか消滅します。
ただし、普通の生活では、未来は察知できないので、手相どおりの未来となってしまいます。

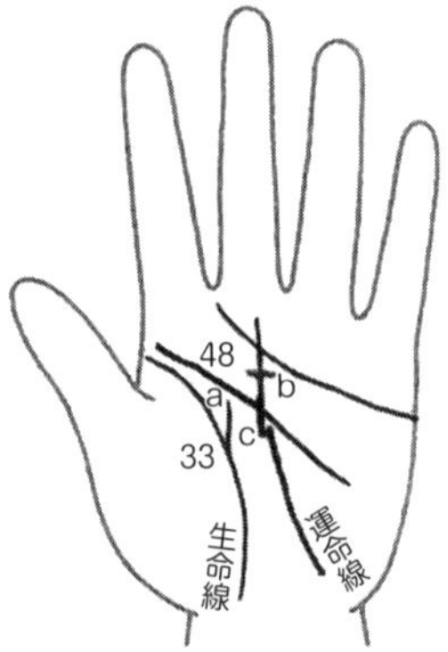

オリバーさん（43 歳）の手相
5 年後の 48 歳で危機が！

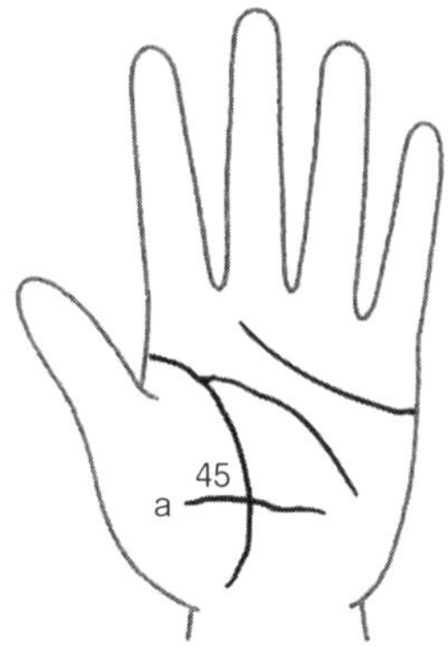

エバレッタさん（42 歳）の手相
3 年後の 45 歳で危機が！

★二人目。オリバーさん（43歳男性）会社経営者の手相、5年後の危機

33歳で生命線から上がる開運線aが、独立したことを示している。

また運命線のcの変化も独立による環境変化です。

また、運命線の5年後、48歳で障害線bがあり、通力で見て、ロバートという男性に裏切られる未来を見抜きます。

それを見破ったことで、48歳の障害線が薄くなりました。また、48歳以降の運命線がハッキリしてきたのでした。

★三人目。エバレッタさん（42歳女性）の手相、3年後の危機

生命線の45歳地点を切る、長い障害線aがあり、45歳でなんらかの危機に遭遇することを知らせていました。

未来の災いを、通力を使い事前に見抜き対処したことで、未来の障害線が消えていきました。

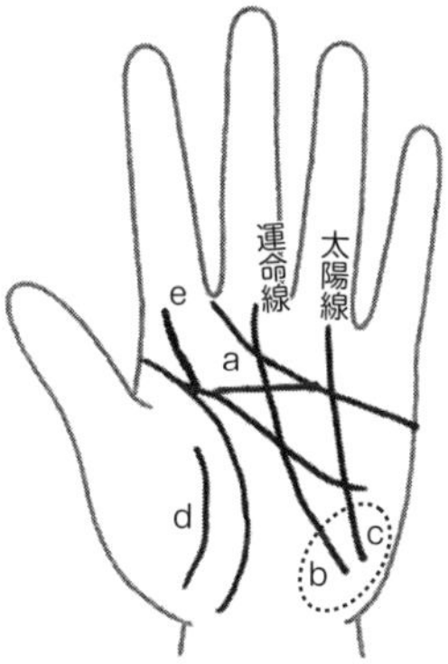

ダニエルさん（44歳）の手相
徳に溢れた幸運手相

★四人目。ダニエルさん（44歳男性）会社経営者の手相、徳に溢れた幸運な手相

本当にハンサムな男性でした。手のひら中央上部で知能線と感情線をつなぐ横線に、縦の運命線が交わった「神秘十字形」aが出ていて、先祖や神仏の加護が大きい人でした。

生命の危機や、会社の危機からも、しっかり守られています。

また、運命線は月丘（点線内）から上がる人気運命線bで、どんな困ったときでも他人の助けや周囲の援助・協力があり、乗り越えていきます。

また、大吉相の長い太陽線cが月丘から上がっていて、かなりの成功を約束されている人でした。

生命線は二重dで、体力・情熱が人一倍強い人。

生命線上部に人差し指に向かう向上線eがあり、向上意欲に溢れた人でした。

西谷泰人　YASUTO NISHITANI

手相家 / 作詞・作曲家
ライフコンサルタント
ゲット・ラック国際アカデミー主宰

■アメリカのABCラジオで数多くの有名人を鑑定、話題に。
これまで鑑定した人々は世界各国の政治家、財界人、文化人、芸術家、スポーツ選手とあらゆる分野に及び、その数は優に8万人を超える。
著書は海外でも翻訳され、売り上げ累計450万部以上に。

鑑定の問合せ、お申し込みは(株)創文まで。
下記ホームページからお申し込み下さるか、
電話：045-805-5077（10：00～18：00　土・日・祭日除く）
まで。
https://www.nishitani-newyork.com/

5000人のプロ占い師を育てた『西谷泰人　手相スクール』
開催中！（方位学・人相も学べます）
―3か月後 あなたは手相家に―

手相家 MICHIRU 2 チャレンジ編

発行日　カバーに記載

著　者　西谷泰人
発行者　西谷泰人
発行所　株式会社　創文
〒245-0024　神奈川県横浜市泉区和泉中央北2-10-1
TEL. 045-805-5077　　FAX. 045-802-2408
印　刷　美研プリンティング株式会社

ISBN978-4-902037-28-9　C0076
©2023 Yasuto Nishitani Printed in Japan
落丁本、乱丁本はお取り替えいたします。